초보자를 위한
기초日本語쓰기

安 哲 編

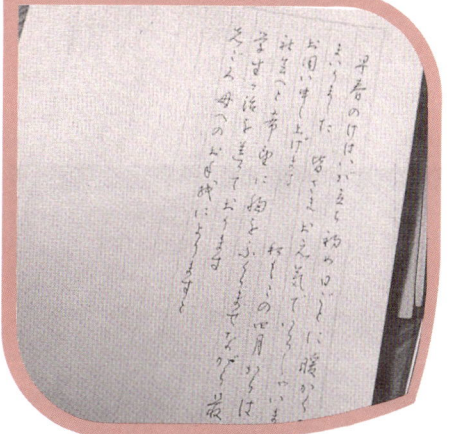

 혜원출판사

머 리 말

　누구든지 외국어를 처음 공부하려는 사람은 기대했던 만큼의 흥미와 함께 두려움을 가지게 된다. 그것은 무엇부터 어떻게 시작해야 할지 잘 모르기 때문이다. 그러므로 좋은 입문서(入門書)를 선택한다는 것은 그 사람의 외국어 공부에 중요한 관건(關鍵)이 된다.

　이 책은 바로 이러한 초보자를 위해서 엮었다. 일본 문자를 쓰는 것부터 시작해서 쉽게 일본어와 친숙할 수 있도록 꾸몄으며 특히 많은 그림을 곁들여 쉽고도 흥미롭게 일본어와 접근할 수 있게 하였다. 따라서 일본어를 전혀 모르던 사람도 이 한 권의 책으로 일본어의 기초를 충분히 터득할 수 있을 것이다. 다른 모든 외국어와 마찬가지로 일본어도 매일매일 꾸준히 익혀 가는 데서 발전이 있는 것이므로 확신을 가지고 노력한다면 대성(大成)할 수 있을 것이다.

　이 책이 여러분들의 일본어 공부에 일조(一助)가 되었으면 하는 마음 간절하다.

편 자 씀

차　례

1. 히라가나(ひらかな) 쓰기 // 4
2. 가다가나(カタカナ) 쓰기 // 15
3. 낱말 쓰기 // 26
4. 외래어 표기 // 38
5. 가로 이어쓰기 // 43
6. 세로 이어쓰기 // 63
7. 문장 가로쓰기 // 66
8. 문장 세로쓰기 // 86
9. 履歷書 // 96
10. 營業開始의 人事狀 // 97
11. 商品不着에 對한 問議狀 // 98
12. 商品品切의 陳謝狀 // 99
13. 봉투 쓰기 // 100
14. 엽서 쓰기 // 101
15. 変体がな의 書法 // 102

일 러 두 기

◆ 이 책의 특징
1. 발음·쓰는 순서·연습용 글씨 등이 차례로 갖추어져 있으므로 초보자도 쉽게 익힐 수 있다.
2. 히라가나(ひらかな)의 순서에 맞춰 낱말을 나열하여 그 낱말을 통하여 다시 글자를 반복 연습케 하였다.
3. 간단한 회화체(會話體)의 문장과 기본 문장을 가로·세로쓰기로 구분, 응용에 도움이 되도록 하였다.

◆ 펜을 잡는 방법
펜을 잡을 때는, 펜대 위에 인지(人指)를 얹고 종이의 면에 대하여 45°~60° 정도로 잡는 것이 가장 좋은 자세이다.

◆ 펜을 쥐는 각도
일본어는 히라가나(ひらかな)와 가다가나(カタカナ)가 있으며, 각기 그 나름의 완급(緩急)의 차이와 경중(輕重)의 변화가 있다. 히라가나는 45°~50° 의 경사 각도로 쓰는 것이 좋으며, 초서체·큰 글씨가 될수록 경사 각도는 50° 이하로 내려간다. 45°의 각도는 손끝에 힘이 들지 않는 각도이며, 평소에 펜글씨를 바르게 쓰자면 역시 50°~60° 의 경사 각도로 펜대를 잡는 것이 알맞는 자세라 할 수 있다.

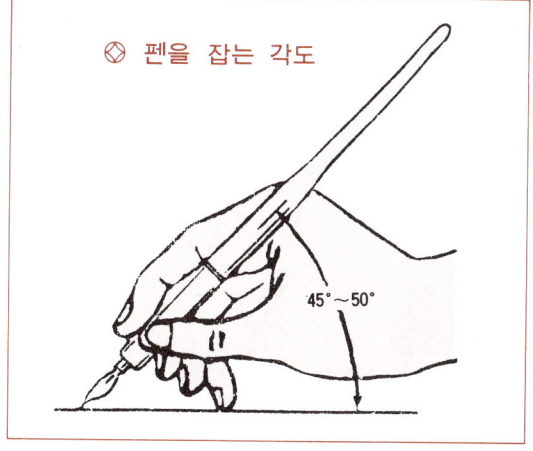
◇ 펜을 잡는 각도

◆ 용구에 대하여
1. **펜촉** — 펜촉은 그 종류가 많지만, 대체로 필기용으로 쓰이는 것은 G펜·스푼펜·스쿨펜·활콘펜 등이 있으며, 스푼펜은 끝이 약간 둥글어 종이에 걸리지 않기 때문에 사무용으로 널리 애용되며, 펜글씨에 가장 적당한 펜촉이라 할 수 있다.

■ G 펜 ■   ■ 스푼펜 ■

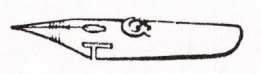   

2. **잉크** — 잉크는 보통 청색과 적색을 쓰며, 연한 색보다는 약간 진한 색이 선명하여 보기에 좋다.

1. 히라가나(ひらかな) 쓰기

あさがお	あ [a]		あ あ	あ
いぬ	い [i]		い い	い
うさぎ	う [u]		う う	う
えんぴつ	え [e]		え え	え
おりがみ	お [o]		お お	お
かめ	か [ka]		か か	か
きんぎょ	き [ki]		き き	き
くり	く [ku]		く く	く
けむし	け [ke]		け け	け
こま	こ [ko]		こ こ	こ

さくら	さ [sa]			さ さ	さ
しか	し [shi]			し し	し
すずめ	す [su]			す す	す
せみ	せ [se]			せ せ	せ
そう	そ [so]			そ そ	そ

たこ	た [ta]			た た	た
ちょう	ち [chi]			ち ち	ち
つばめ	つ [tsu]			つ つ	つ
てつ	て [te]			て て	て
とんぼ	と [to]			と と	と

なす	な [na]			な な な な な
にわとり	に [ni]			に に に に に
ぬりえ	ぬ [nu]			ぬ ぬ ぬ ぬ ぬ
ねずみ	ね [ne]			ね ね ね ね ね
のみ	の [no]			の の の の の
はさみ	は [ha]			は は は は は
ひまわり	ひ [hi]			ひ ひ ひ ひ ひ
ふね	ふ [hu]			ふ ふ ふ ふ ふ
へび	へ [he]			へ へ へ へ へ
ほし	ほ [ho]			ほ ほ ほ ほ ほ

まつ	ま [ma]			ま ま	
みかん	み [mi]			み み	
むぎ	む [mu]			む む	
めがね	め [me]			め め	
もも	も [mo]			も も	
やぎ	や [ya]			や や	
ゆきだるま	ゆ [yu]			ゆ ゆ	
よる	よ [yo]			よ よ	
らっぱ	ら [ra]			ら ら	
りす	り [ri]			り り	

	るり	る [ru]			る　る
	れんが	れ [re]			れ　れ
	ろば	ろ [ro]			ろ　ろ
	わに	わ [wa]			わ　わ
	おんな	を [o]			を　を

	りんご	ん [n]			ん　ん

● 글자 모양에 주의

れゆそ — 이어진 글자
けはほに — 左右로 나누어진 글자
すせ — 긴 획
あおむち — 짧은 획

● 닮은 히라가나와 가다가나에 주의

も / モ — 위로 나가지 않는다
や / ヤ — 점에 주의
り / リ — 삐쳐 나감 이어

| か゛ [ga] |
| ぎ [gi] |
| ぐ [gu] |
| げ [ge] |
| ご [go] |

| ざ [za] |
| じ [ji] |
| ず [zu] |
| ぜ [ze] |
| ぞ [zo] |

だ [da]				だ				
ぢ [ji]				ぢ				
づ [zu]				づ				
で [de]				で				
ど [do]				ど				

ば [ba]				ば				
び [bi]				び				
ぶ [bu]				ぶ				
べ [be]				べ				
ぼ [bo]				ぼ				

ぱ [pa]				ぱ					
ぴ [pi]				ぴ					
ぷ [pu]				ぷ					
ぺ [pe]				ぺ					
ぽ [po]				ぽ					

きゃ	[kya]	きゃ					
きゅ	[kyu]	きゅ					
きょ	[kyo]	きょ					
しゃ	[sya]	しゃ					
しゅ	[syu]	しゅ					
しょ	[syo]	しょ					

ちゃ	[cha]	ちゃ ちゃ			ちゃ ちゃ		
ちゅ	[chu]	ちゅ ちゅ			ちゅ ちゅ		
ちょ	[cho]	ちょ ちょ			ちょ ちょ		
にゃ	[nya]	にゃ にゃ			にゃ にゃ		
にゅ	[nyu]	にゅ にゅ			にゅ にゅ		
にょ	[nyo]	にょ にょ			にょ にょ		

ひゃ	[hya]	ひゃ ひゃ			ひゃ ひゃ		
ひゅ	[hyu]	ひゅ ひゅ			ひゅ ひゅ		
ひょ	[hyo]	ひょ ひょ			ひょ ひょ		
みゃ	[mya]	みゃ みゃ			みゃ みゃ		
みゅ	[myu]	みゅ みゅ			みゅ みゅ		
みょ	[myo]	みょ みょ			みょ みょ		

りゃ	[rya]	りゃ			りゃ		
		りゃ			りゃ		
りゅ	[ryu]	りゅ			りゅ		
		りゅ			りゅ		
りょ	[ryo]	りょ			りょ		
		りょ			りょ		
ぎゃ	[gya]	ぎゃ			ぎゃ		
		ぎゃ			ぎゃ		
ぎゅ	[gyu]	ぎゅ			ぎゅ		
		ぎゅ			ぎゅ		
ぎょ	[gyo]	ぎょ			ぎょ		
		ぎょ			ぎょ		

じゃ	[zya]	じゃ			じゃ		
		じゃ			じゃ		
じゅ	[zyu]	じゅ			じゅ		
		じゅ			じゅ		
じょ	[zyo]	じょ			じょ		
		じょ			じょ		
ぢゃ	[zya]	ぢゃ			ぢゃ		
		ぢゃ			ぢゃ		
ぢゅ	[zyu]	ぢゅ			ぢゅ		
		ぢゅ			ぢゅ		
ぢょ	[zyo]	ぢょ			ぢょ		
		ぢょ			ぢょ		

びゃ	[bya]	びゃ びゃ			びゃ びゃ		
びゅ	[byu]	びゅ びゅ			びゅ びゅ		
びょ	[byo]	びょ びょ			びょ びょ		
ぴゃ	[pya]	ぴゃ ぴゃ			ぴゃ ぴゃ		
ぴゅ	[pyu]	ぴゅ ぴゅ			ぴゅ ぴゅ		
ぴょ	[pyo]	ぴょ ぴょ			ぴょ ぴょ		

カ 둥글게 삐친다 か | セ 삐치지 않는다 せ | ヘ 모나지 않게 へ

● 글자 모양을 익히자.

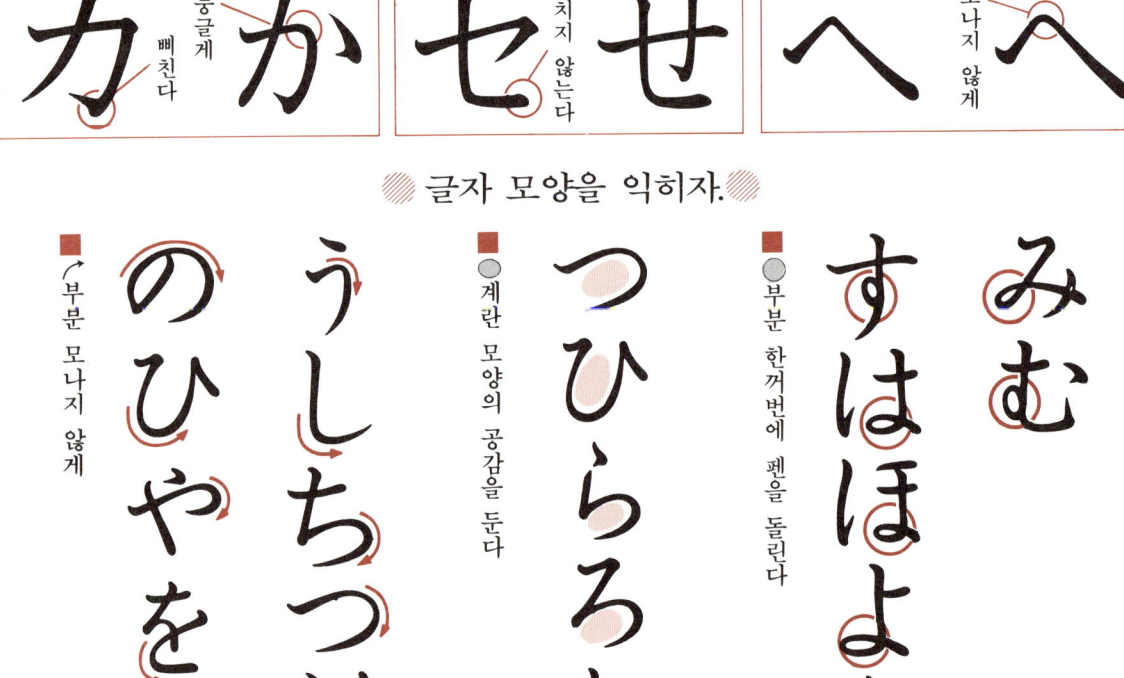

2. 가다가나(カタカナ) 쓰기

アイスクリーム	ア [a]			ア	ア	ア		
				ア	ア			
インキ	イ [i]			イ	イ	イ		
				イ	イ			
ウインドー	ウ [u]			ウ	ウ	ウ		
				ウ	ウ			
エジプト	エ [e]			エ	エ	エ		
				エ	エ			
オートバイ	オ [o]			オ	オ	オ		
				オ	オ			
カメラ	カ [ka]			カ	カ	カ		
				カ	カ			
キング	キ [ki]			キ	キ	キ		
				キ	キ			
クリーム	ク [ku]			ク	ク	ク		
				ク	ク			
ケ	ケ [ke]			ケ	ケ	ケ		
				ケ	ケ			
コーヒー	コ [ko]			コ	コ	コ		
				コ	コ			

サック	サ [sa]			サ サ	サ サ
シーソー	シ [shi]			シ シ	シ シ
スリッパ	ス [su]			ス ス	ス ス
セーター	セ [se]			セ セ	セ セ
ソーセージ	ソ [so]			ソ ソ	ソ ソ
タクシー	タ [ta]			タ タ	タ タ
チューブ	チ [chi]			チ チ	チ チ
ツンドラ	ツ [tsu]			ツ ツ	ツ ツ
テレビ	テ [te]			テ テ	テ テ
トマト	ト [to]			ト ト	ト ト

ナイチンゲール	ナ [na]			ナ ナ	ナ ナ
ニグロ	ニ [ni]			ニ ニ	ニ ニ
ヌード	ヌ [nu]			ヌ ヌ	ヌ ヌ
ネクタイ	ネ [ne]			ネ ネ	ネ ネ
ノート	ノ [no]			ノ ノ	ノ ノ
ハム	ハ [ha]			ハ ハ	ハ ハ
ヒーター	ヒ [hi]			ヒ ヒ	ヒ ヒ
フイルム	フ [hu]			フ フ	フ フ
ヘリコプター	ヘ [he]			ヘ ヘ	ヘ ヘ
ホース	ホ [ho]			ホ ホ	ホ ホ

マッチ	マ [ma]			マ マ	マ マ			
ミキサー	ミ [mi]			ミ ミ	ミ ミ			
ムービー	ム [mu]			ム ム	ム ム			
メロン	メ [me]			メ メ	メ メ			
モーター	モ [mo]			モ モ	モ モ			
ヤンキー	ヤ [ya]			ヤ ヤ	ヤ ヤ			
インキ	イ [i]			イ イ	イ イ			
ユニバーシテイ	ユ [yu]			ユ ユ	ユ ユ			
エプロン	エ [e]			エ エ	エ エ			
ヨット	ヨ [yo]			ヨ ヨ	ヨ ヨ			

ライオン	ラ [ra]			ラ	ラ				
リボン	リ [ri]			リ	リ				
				リ	リ				
ルビー	ル [ru]			ル	ル				
				ル	ル				
レコード	レ [re]			レ	レ				
				レ	レ				
ロケット	ロ [ro]			ロ	ロ				
				ロ	ロ				
ワ [wa]	ワ			ワ	ワ				
				ワ	ワ				
イ [i]	イ			イ	イ				
				イ	イ				
ウ [u]	ウ			ウ	ウ				
				ウ	ウ				
ヲ [o]	ヲ			ヲ	ヲ				
				ヲ	ヲ				
ン [n]	ン			ン	ン				
				ン	ン				

ガ [ga]	ガ			ガ	ガ			
				ガ	ガ			
ギ [gi]	ギ			ギ	ギ			
				ギ	ギ			
グ [gu]	グ			グ	グ			
				グ	グ			
ゲ [ge]	ゲ			ゲ	ゲ			
				ゲ	ゲ			
ゴ [go]	ゴ			ゴ	ゴ			
				ゴ	ゴ			

ザ [za]	ザ			ザ	ザ			
				ザ	ザ			
ジ [ji]	ジ			ジ	ジ			
				ジ	ジ			
ズ [zu]	ズ			ズ	ズ			
				ズ	ズ			
ゼ [ze]	ゼ			ゼ	ゼ			
				ゼ	ゼ			
ゾ [zo]	ゾ			ゾ	ゾ			
				ゾ	ゾ			

ダ [da]	ダ		ダ ダ
ヂ [ji]	ヂ		ヂ ヂ
ヅ [zu]	ヅ		ヅ ヅ
デ [de]	デ		デ デ
ド [do]	ド		ド ド

バ [ba]	バ		バ バ
ビ [bi]	ビ		ビ ビ
ブ [bu]	ブ		ブ ブ
ベ [be]	ベ		ベ ベ
ボ [bo]	ボ		ボ ボ

パ [pa]	パ			パ	パ			
ピ [pi]	ピ			ピ	ピ			
プ [pu]	プ			プ	プ			
ペ [pe]	ペ			ペ	ペ			
ポ [po]	ポ			ポ	ポ			

キャ	[kya]	キャ			キャ			
キュ	[kyu]	キュ			キュ			
キョ	[kyo]	キョ			キョ			
シャ	[sya]	シャ			シャ			
シュ	[syu]	シュ			シュ			
ショ	[syo]	ショ			ショ			

チャ	[tya]	チャ チャ			チャ チャ	
チュ	[tyu]	チュ チュ			チュ チュ	
チョ	[tyo]	チョ チョ			チョ チョ	
ニャ	[nya]	ニャ ニャ			ニャ ニャ	
ニュ	[nyu]	ニュ ニュ			ニュ ニュ	
ニョ	[nyo]	ニョ ニョ			ニョ ニョ	

ヒャ	[hya]	ヒャ ヒャ			ヒャ ヒャ	
ヒュ	[hyu]	ヒュ ヒュ			ヒュ ヒュ	
ヒョ	[hyo]	ヒョ ヒョ			ヒョ ヒョ	
ミャ	[mya]	ミャ ミャ			ミャ ミャ	
ミュ	[myu]	ミュ ミュ			ミュ ミュ	
ミョ	[myo]	ミョ ミョ			ミョ ミョ	

リャ	[rya]	リャ リャ			リャ リャ		
リュ	[ryu]	リュ リュ			リュ リュ		
リョ	[ryo]	リョ リョ			リョ リョ		
ギャ	[gya]	ギャ ギャ			ギャ ギャ		
ギュ	[gyu]	ギュ ギュ			ギュ ギュ		
ギョ	[gyo]	ギョ ギョ			ギョ ギョ		
ジャ	[zya]	ジャ ジャ			ジャ ジャ		
ジュ	[zyu]	ジュ ジュ			ジュ ジュ		
ジョ	[zyo]	ジョ ジョ			ジョ ジョ		
ヂャ	[zya]	ヂャ ヂャ			ヂャ ヂャ		
ヂュ	[zyu]	ヂュ ヂュ			ヂュ ヂュ		
ヂョ	[zyo]	ヂョ ヂョ			ヂョ ヂョ		

ビャ	bya	ビャ ビャ		ビャ ビャ	
ビュ	byu	ビュ ビュ		ビュ ビュ	
ビョ	byo	ビョ ビョ		ビョ ビョ	
ピャ	pya	ピャ ピャ		ピャ ピャ	
ピュ	pyu	ピュ ピュ		ピュ ピュ	
ピョ	pyo	ピョ ピョ		ピョ ピョ	

26 3. 낱말 쓰기

あさ	あめ	いえ	いぬ	うし	うま
[asa]	[ame]	[ie]	[inu]	[usi]	[uma]
아 침	비	집, 가정	개	소	말

えき	えり	おかし	きかい	おと
[eki]	[eri]	[okasi]	[kikai]	[oto]
역	옷깃	과자	기계	소리

かお	かめ	くつ	けむり	こころ
[kao]	[kame]	[kutsu]	[kemuri]	[kokoro]
얼굴, 용모	거북	구두	연기	마음

かお かめ くつ けむり こころ

かお かめ くつ けむり こころ

めがね	かざり	かぎ	かぐ	げた
[megane]	[kazari]	[kagi]	[kagu]	[geta]
안경	장식, 꾸밈	열쇠	가구	나막신

かご	ごみ	さじ	すずめ	かぞく
[kago]	[gomi]	[sazi]	[suzume]	[kazoku]
바구니	먼지	숟가락	참새	가족

かぜ	えだ	まど	はなぢ	とおり
[kaze]	[eda]	[mado]	[hanaji]	[toːri]
바람	나뭇가지	창문	코피	거리, 길

ばら [bara] 장미	ぶた [buta] 돼지	おかあさん [oka:san] 어머니	おとうさん [oto:san] 아버지

おにいさん	おねえさん	がくせい
[oniːsan]	[oneːsan]	[gakusei]
형님, 오빠	누님, 언니	학생

せんせい	カード	ランニング
[sensei]	[kaːdo]	[ranningu]
선생(님)	카아드	러닝

チーム	プール	コップ	マッチ
[chime]	[puːru]	[koppu]	[matchi]
팀	푸울	컵	성냥

アパート	コーヒー	セーター
[apato] 아파아트	[koːhiː] 커 피	[seːtaː] 스웨터
アパート	コーヒー	セーター
アパート	コーヒー	セーター

おきゃく	ハンマー	アンテナ
[okyaku]	[hammer]	[antenna]
손 님	쇠망치	안테나

4. 외래어 표기

おちゃ	ひゃく	しゅみ	きょう
[ocha]	[hyaku]	[syum:]	[kyo:]
차	백	취미	오늘

ヒーター	しょさい	いっぱい
〔hiːtaː〕 히이터	〔syosai〕 서재	〔ippai〕 한잔(가득히)

エンジニア	いしゃ	クーラー
〔enzinia〕	〔isya〕	〔kuːraː〕
엔지니어	의사	쿠울러

5. 가로 이어쓰기

これは　ほんです。
これは　ほんです。

それは　つくえです。
それは　つくえです。

풀이 : 이것은 책입니다.　그것은 책상입니다.

それは　まんねんひつです。

あれも　こくばんですか。

풀이 : 그것은 만년필입니다.　저것도 칠판입니까?

いいえ、そうではありません。あれはかべです。

풀이 : 아니오, 그렇지 않습니다.　저것은 벽입니다.

これは　なんですか。

それは　チョークです。

풀이 : 이것은 무엇입니까?　그것은 분필입니다.

ここは なんですか。

そこは げんかんです。

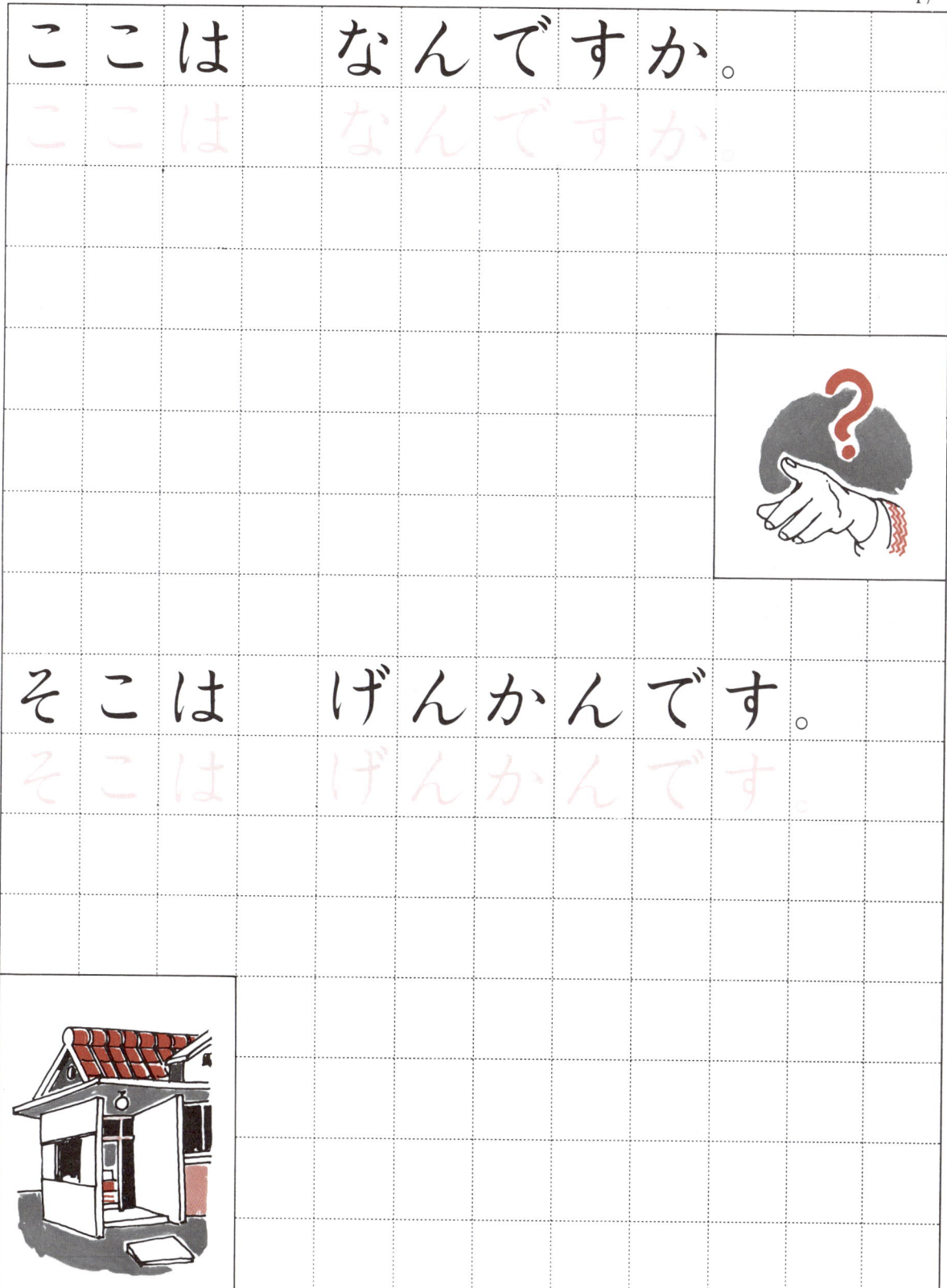

풀이 : 여기는 무엇입니까? 거기는 현관입니다.

あいさつ。おはようございます。こんにちは。こんば

풀이 : 인사. 안녕하십니까?(아침 인사) 안녕하십니까?(낮 인사) 안녕하십니까?(밤 인사)

んは。 さようなら。 おやす

みなさい。

풀이 : 안녕히 가십(계십)시오. (편히 쉬십시오.) 안녕히 주무세요. (헤어질 때의 인사)

わたしは　かんこくじんで
す。わたしは　せいとです。

풀이 : 나는 한국 사람입니다.　나는 학생입니다.

あなたは にほんじんです
か。あなたは がくせいで

풀이 : 당신은 일본 사람입니까? 당신은 학생입니까?

すか。いいえ、わたしは

がくせいでは　ありません。

풀이 : 아니오, 나는 학생이 아닙니다.

わたしは　せんせいです。

あのひとは　スミスさん

풀이 : 나는 선생입니다.　저 사람은 스미스씨입니까?

ですか。いいえ、そうじゃありません。あなたは だ

풀이 : 아니오, 그렇지 않습니다. 당신은 누구입니까?

れですか。わたしは　きむ

らです。あなたは　こうこ

풀이 : 나는 키무라입니다.　당신은 고교생입니까? (고등 학교 학생입니까?)

うせいですか。あの　ひと

は　だいがくせいです。

풀이 : 저사람은 대학생입니다.　처음 뵙겠습니다.

はじめまして。わたしは

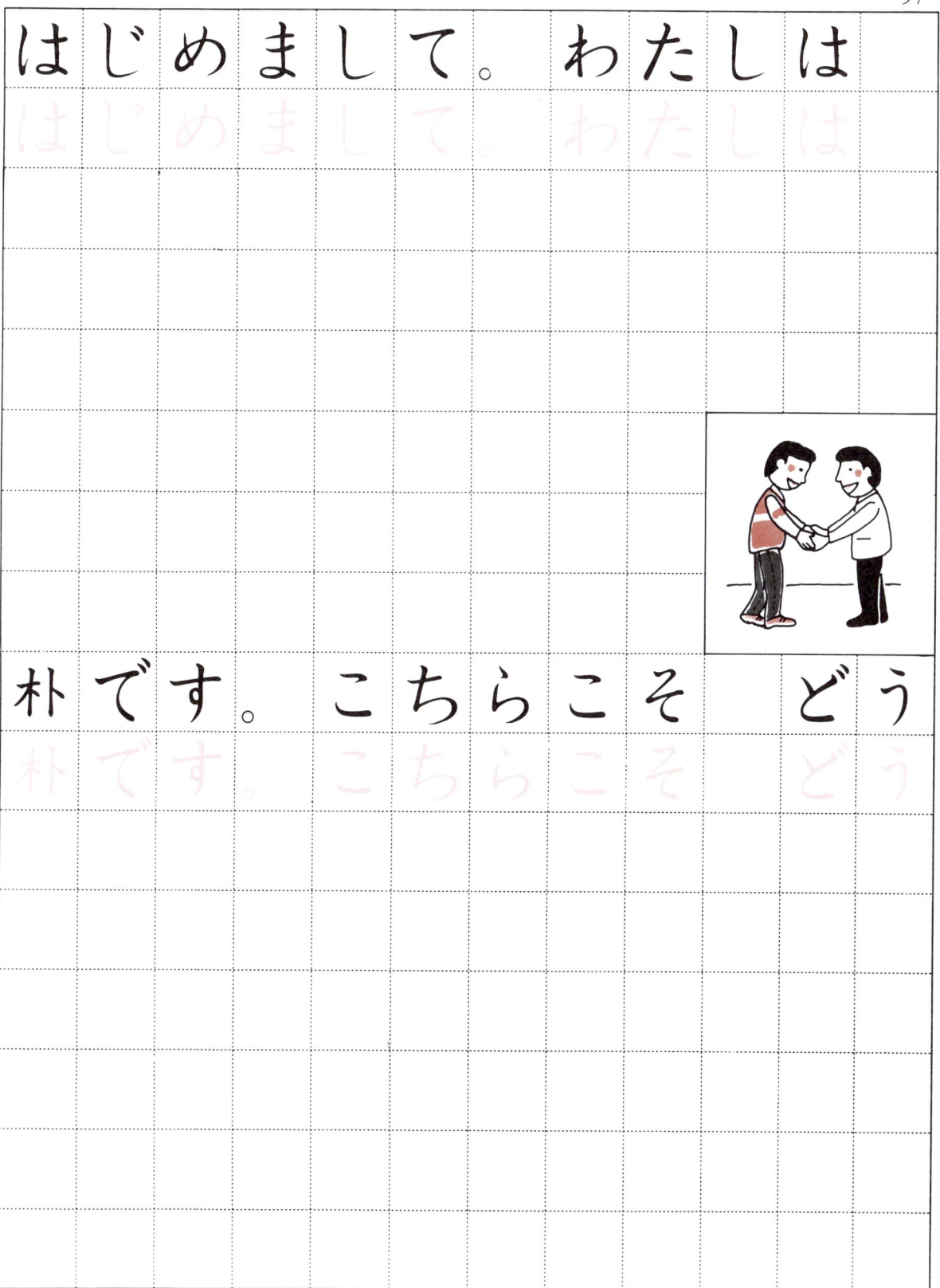

朴です。こちらこそ どう

풀이 : 나는 朴입니다.　저야말로 잘 부탁합니다.

ぞ　よろしく。

ここは　きょうしつです。

풀이 : 여기는 교실입니다.

ソウルえきは どこですか。

南大門(ナムデムン)も あちらですか。

풀이 : 서울역은 어디입니까? 남대문도 저쪽입니까?

いいえ、あちらでは あり

ません。では、どちらです

풀이 : 아니오 저쪽이 아닙니다. 그럼, 어느쪽입니까?

か。こちらです。

どうも、ありがとうござい

풀이 : 이쪽입니다. 매우 고맙습니다.

ました。いいえ、どういた

しまして。

풀이 : 아니오, 천만에요.

6. 세로 이어쓰기

そこに ざっしが あります。

ここに しんぶんが あります。

풀이 : 여기에 신문이 있읍니다.　거기에 잡지가 있읍니다.

いいえ、じしょは ここには あり

じしょも そこに あります か。

풀이 : 사전도 거기에 있읍니까? 아니오, 사전은 여기에는 없읍니다.

せんせいは どこに いますか。
ませんせ。そこに だれが いますか。

풀이: 거기에 누가 있읍니까? 선생님은 어디에 있읍니까?

7. 문장 가로쓰기

やまだ せんせいは いらっしゃいますか。ええ、おります。

やまだ せんせいは いらっしゃいますか。ええ、おります。

どうぞ こちらへ。では、しつれいします。

どうぞ こちらへ。では、しつれいします。

これは こどもの くつです。それは おとなの ぼうしです。

これは こどもの くつです。それは おとなの ぼうしです。

あれは ははの とけいです。それは あなたの おにいさん

あれは ははの とけいです。それは あなたの おにいさん

풀이 : 야마다 선생님은 계십니까? 예, 있습니다. 자 이쪽으로(어서 올라오십시오).
그럼, 실례합니다. 이것은 어린이의 신입니다. 그것은 어른의 모자입니다.
저것은 어머니의 시계입니다. 그것은 당신(의) 형님의 시계입니까?

の とけいですか。この ぼうしも あなたの おとうさんの

ですか。いいえ、そうでは ありません。あにのです。

どれが あなたの かばんですか。この かさが わたしので

す。テーブルの 上に 花が あります。いすの 下に しん

풀이 : 이 모자도 당신의 아버님 것입니까? 아니오 그렇지 않습니다.
　　　형 것입니다. 어느것이 당신의 가방입니까? 이 우산이 내 것입니다.
　　　테이블 위에 꽃이 있읍니다.

ぶんが あります。こくばんの まえに 先生（せんせい）が いらっし

ぶんが あります。こくばんの まえに 先生（せんせい）が いらっし

ゃいます。木（き）の うしろに ねこが います。つくえの そば

ゃいます。木（き）の うしろに ねこが います。つくえの そば

に かばんが あります。本（ほん）と ノートが あります。

に かばんが あります。本（ほん）と ノートが あります。

がっこうの ちかくに なにが ありますか。

がっこうの ちかくに なにが ありますか。

풀이 : 의자 아래 신문이 있읍니다.   칠판 앞에 선생님이 계십니다.
　　　 나무 뒤에 고양이가 있읍니다.   책상 곁에 가방이 있읍니다.
　　　 책과 공책이 있읍니다.   학교 근처에 무엇이 있읍니까?

ぎんこうや かいしゃや びょういんなどが あります。

あなたの きょうしつは ここですか。としょしつの とな

りに あります。つくえの 中(なか)に なにか ありますか。

あなたの そばに だれか いますか。

풀이 : 은행이랑 회사랑 병원 등이 있습니다.　당신 교실은 여기입니까?
도서실 옆에 있습니다.　책상 안에 무엇인가 있습니까?
당신 곁에 누군가 있습니까?

いいえ、わたしの そばには だれも いません。

いい おてんきですね。どちらに おいでですか。

ちょっと えき まえの ゆうびんきょくまで。

この みちは 広いです。あの はしは 長いです。

풀이 : 아니오, 내 곁에는 아무도 없습니다.   좋은 날씨군요.   네, 그렇군요.
어디에 가십니까? 잠깐 역 앞의 우체국까지.
이 길은 넓습니다.   저 다리는 깁니다.

あそこに 高い 山が あります。ソウルは 大きい まちですか。高い ビルが たくさん あります。人も 車も おおいです。いろいろな 花が たくさん あります。どの 花も きれいです。あそこは 広い こどもの こうえ

풀이 : 저기에 높은 산이 있습니다. 서울은 큰 도시입니까? 높은 빌딩이 많이 있습니다. 사람도 차도 많습니다. 여러 가지 꽃이 많이 있습니다. 어느 꽃이나 아름답습니다. 저기는 넓은 어린이 공원입니다.

んです。とても きれいな こうえんです。こうえんの 中

は にぎやかです。あの たてものは りっぱですね。

あれは はくぶつかんです。あそこには めずらしい もの

が たくさん あります。この ちかくの とおりは しずか

풀이 : 매우 아름다운 공원입니다.　공원 안은 떠들썩합니다.
　　　저 건물은 훌륭하군요.　저것은 박물관입니다.
　　　저기에는 진귀한 것이 많이 있습니다.　이 근처의 거리는 조용합니까?

ですか。すこし やかましい とおりです。かごの 中に

りんごと みかんが あります。りんごは いくつ あります

か。りんごは とお あります。みかんはいくつありますか。

としょかんの 前に 生徒が おおぜい います。

풀이 : 좀 시끄러운 거리입니다.　　바구니 속에 사과와 귤이 있읍니다.
　　　사과는 몇개 있읍니까?　사과는 10개 있읍니다.　귤은 몇개 있읍니까?
　　　도서관 앞에 학생이 많이 있읍니다.

男の　生徒も　女の　生徒も　います。男の　生徒は　なん

人　いますか。みんなで　何人　いますか。この　生徒たち

は　みんな　高校生です。ご家族は　なん人ですか。ごき

ょうだいは　なん人ですか。あねが　二人、おとうとが

풀이 : 남학생도 여학생도 있읍니다.　남학생은 몇 사람 있읍니까?
　　　　모두(해서) 몇 사람 있읍니까?　이 학생들은 모두 고등학생입니다.
　　　　가족은 몇 사람(분) 입니까?　형제는 몇 분 입니까?

一人、みんなで 四人 きょうだいです。

ここは くだものやです。バナナも すいかも あります。

その 赤い りんごは 一つ いくらですか。八十円です。

それでは 赤いのを 五つと 青いのを 三つ ください。

풀이 : 누나가 둘, 남동생이 하나, 모두해서 사남매입니다.   여기는 과일 가게 입니다.
바나나도 수박도 있읍니다.   그 빨간 사과는 한개 얼마입니까?   80원입니다.
그러면 빨간 것을 다섯개와 파란 것을 세개 주십시오.

きのうは なん日でしたか。きのうは ついたちでした。

ついたち ふつか みっか よっか いつか むいか なのか

ようか ここのか とおか 十一日。一年は なんか月です

か。一年は 十二か月です。こん月は なん月ですか。

풀이 : 어제는 며칠이었습니까? 어제는 초하루였습니다.
(초) 하루 이틀 사흘 나흘 닷새 엿새 이레 여드레 아흐레 열흘 열하루
일년은 몇 개월입니까? 일년은 12개월입니다.   이 달은 몇 월입니까?

こん月は 五月です。らい月は 六月です。

せん月は なん月でしたか。せん月は 四月でした。

一週間は なん日ですか。なのかです。きょうは なん曜日ですか。きょうは 月曜日で、あしたは 火曜日です。

풀이: 이 달은 오월입니다.   새달은 유월입니다.   지난 달은 몇 월이었읍니까?
지난 달은 사 월이었읍니다.   일 주일은   며칠입니까?   이레 입니다.
오늘은 무슨 요일입니까?   오늘은 월요일이고, 내일은 화요일입니다.

きのうは 日曜日(にちようび)でした。こんにちは。おげんきですか。

ちかごろ べんきょうは いそがしいですか。

一日(いちにち)は 二十四時間(にじゅうよじかん)です。一時間(いちじかん)は 六十分(ろくじっぷん)です。

一分(いっぷん)は 六十秒(ろくじゅうびょう)です。いま なん時(じ)ですか。

풀이 : 어제는 일요일이었읍니다. 안녕하십니까? 건강하십니까?
요즈음, 공부는 바쁘십니까? 하루는 24시간입니다. 한시간은 60분입니다.
일분은 60초입니다. 지금 몇 시입니까?

ちょうど 九時です。あなたは 朝 なん時に 起きますか。

なん時に 学校へ 行きますか。日曜日には 学校へ 行

きません。うちから 学校まで バスで 行きますか、ちか

てつで 行きますか。バスで どのくらい かかりますか。

풀이 : 꼭(정확히) 9시입니다.   당신은 아침에 몇 시(에) 일어납니까?
몇 시에 학교에 갑니까?   일요일에는 학교에 가지않습니다.
집에서 학교까지 버스로 갑니까 지하철로 갑니까?   버스로 어느 정도 걸립니까?

あなたは なん時ごろ うちへ 帰りますか。六時すぎに

ゆうごはんを 食べます。しゅくだいや よしゅうなどを

します。わたしは あまり テレビは 見ません。たいてい

十時ごろ 寝ます。今日は いい 天気ですね。きのうも

풀이 : 당신은 몇 시경에 집에 돌아옵니까? 6시 지나서 저녁(밥)을 먹습니다.
숙제랑 예습 등을 합니다.   나는 별로 텔레비젼은 보지 않습니다.
대개 10시경에 잡니다.   오늘은 좋은 날씨군요(날씨가 좋군요).

いい 天気でしたか。いいえ、きのうは いい 天気では

ありませんでした。一日じゅう 雨が ふりました。

ひるまは ずいぶん あたたかいですね。朝がたは すこし

寒かったです。あなたは きのう どこへ 行きましたか。

풀이 : 어제도 좋은 날씨였읍니까?　아니오, 어제는 좋은 날씨가 아니었읍니다.
　　　하루 종일 비가 왔읍니다.　낮에는 제법 따뜻하군요.
　　　아침 나절은 좀 추웠읍니다.　당신은 어제 어딘가(에) 갔읍니까?

どこへも 行きませんでした。うちで なにを しましたか。

朝から 夕がたまで 数学の べんきょうを しました。

だれに てがみを 書きましたか。父と 母に てがみを

書きました。韓國の 食べものに もう なれましたね。

풀이 : 아무 데도 가지 않았읍니다.　집에서 무엇을 했읍니까?
　　　아침부터 저녁때까지 수학 공부를 했읍니다. 누구에게 편지를 썼읍니까?
　　　아버지와 어머니에게 편지를 썼읍니다.　한구(의) 음식에 이제 익숙해졌겠군요.

でも、はじめは こまりました。キムチが とても からか

ったからです。しかし いまでは たいへん おいしいです。

わたしは くだものが 好きです。みかんが いちばん 好

きです。あなたは りんごと なしと どちらが 好きですか。

풀이 : 하지만 처음에는 곤란했읍니다.　김치가 몹시 매웠기 때문입니다.
　　　그러나 이제는 매우 맛있읍니다.　나는 과일을 좋아합니다.
　　　귤을 제일 좋아합니다.　당신은 사과와 배와 어느쪽을 좋아합니까?

ぶどうが 好きです。やさいは だい好きです。きらいな

やさいは ありません。あなたは スポーツが好きですか。

やはり野球が いちばん 好きですね。あなたは 水泳が

じょうずですか。そんなに じょうずでは ありません。

풀이: 포도를 좋아합니다.　야채는 대단히 좋아합니다. 싫어하는 야채는 없읍니다.
　　　당신은 스포츠를 좋아합니까?　역시 야구를 제일 좋아합니다.
　　　당신은 수영을 잘 합니까?　그렇게 잘 하지(는)못합니다.

でも、そんなに へたでも ありません。きのうも 学校の

プールで およぎました。日本りょうりは 好きですか。

きらいでは ありません。そうですか。では、すきやきは

どうですか。おいしいですね。

풀이 : 하지만 그다지 못하지도 않습니다.   이제도 학교 풀에서 헤엄을 쳤습니다.
일본 요리는 좋아합니까?   싫어하지는 않습니다.   그렇습니까?
그럼 전골은 어떻습니까?   맛있지요.

8. 문장 세로쓰기

ここは バスの 停留所です。人が おおぜい います。

7. 문장 세로쓰기

バスを おりる 人が さきに おりました。乗る 人が あとから 乗

풀이: 여기는 버스정류장 입니다.　사람이 많이 있읍니다.
　　　　버스를 내리는 사람이 먼저 내렸읍니다.　타는 사람이 나중에 탔읍니다.

あそこは なにを 売るみせですか。みやげものを 売るみせです。

あそこに 止まる バスは 金浦くうこうへ 行きます。

풀이 : 저기에 서는 버스는 김포공항에 갑니다. 저기는 무엇을 파는 가게입니까?
선물을 파는 가게 입니다.

です。庭さきに ある 自転車は だれの ですか。あれは わたしの です。

めずらしいものが ありますか。おみやげを 買う お客が おおい

풀이 : 진귀한 것이 있읍니까? 선물을 사는 손님이 많습니다.
　　　뜰 앞에 있는 자전거는 누구의 것입니까?

あれは 高速バス ターミナルです。人が とても おおいですね。弟のです。ときどき 乗ります。しかし、乗らない ときが おおいです。

풀이: 저것은 내 동생 것입니다.　가끔 탑니다.　그러나, 타지 않을 때가 많습니다.
　　　저것은 고속버스 터미널입니다.　사람이 매우 많군요.

ん。なかに いなかに 帰る 人や 出張にでかける 人も います。

いつも あんなに こみますか。こまない ときは ほとんど ありませ

풀이 : 항상 저렇게 붐빕니까? 붐비지 않을 때는 거의 없습니다.
그 중에는 시골로 돌아가는 사람이랑 출장을 떠나는 사람도 있습니다.

韓国の一年には、春と夏と秋と冬の四つの季節があります。春はあたたかくていい季節です。おおぜいの人がお花見に出

풀이 : 한국의 일년에는, 봄과 여름과 가을과 겨울의 네 계절이 있습니다.
봄은 따뜻하고 좋은 계절입니다.   많은 사람이 꽃구경하러 나갑니다.

七月 二十日ごろから 夏休みに なります。

夏は たいへん あつくて、日が 長いです。学校は 七月

풀이 : 여름은 대단히 덥고 해가 깁니다.　학교는 칠월이십일경부터 여름방학이 됩니다.

わかい 人は 山や 海へ 行きます。韓国一の 雪嶽山にも おおくの 人が のぼります。雪嶽山は たいへん 美しくて、たにまの 水

풀이 : 젊은 사람은 산이나 바다로 갑니다. 한국 제일의 실악산에도 많은 사람이 올라갑니다. 설악산은 매우 아름답고, 골짜기의 물도 깨끗합니다.

94

韓国の 祭日で、お墓まいりを します。

秋は すずしくて、月が きれいです。秋夕は むかしから 韓国の 祭日で、お墓まいりを します。

きれいです。

も きれいです。秋は すずしくて、月が きれいです。秋夕(チュソク)は むかしから

풀이 : 가을은 시원하고 달이 아름답습니다.
추석은 옛날부터 한국의 명절(축제일)로, 성묘를 합니다.

雪で まっ白に なります。こどもも おとなも スケートを します。

冬は 寒くて、雪が ふります。池や 川が こおります。野山は

풀이 : 겨울은 춥고 눈이 옵니다.　연못이나 강이 업니다.
들과 산은 눈으로 새하얗게 됩니다.　어린이도 어른도 스케이트를 탑니다.

履歴書

昭和〇〇年 9 月 1 日現在　　No.

ふりがな	おかだ ふじこ
氏名	岡田 富士子　※男・㊛ ㊞

※明治・大正・昭和　XX 年 3 月 3 日生（満 18 才）

旧氏名　　　※明治・大正・昭和　　年　月　日改名（理由　　）

| 本籍 | 熊本県熊本市城山上代町1128番地 | 戸籍筆頭者名 | 隆 | 続柄 次女 |

ふりがな とうきょうと こがねいし さくらまち
現住所　東京都小金井市桜町2丁目2830番地

電話　　局　　番（　　方呼出）

年　月	学歴 職歴 賞罰など（各別にまとめて書く）
	学　歴
昭和XX 4	熊本市立城山小学校入学
昭和XX 3	同校卒業
昭和XX 4	市立小金井第一中学校入学
昭和XX 3	同校卒業
昭和XX 4	都立第五商業高等学校入学
昭和XX 3	同校卒業の見込み
	賞　罰
	ありません
	その他
昭和XX 8	全国商業高等学校協会主催第20回珠算実務
	検定試験の第2級に合格

記入注意
1. 青または黒インキでペン書き
2. 文字はカイ書 数字はアラビア数字を使用
3. ※印のところは〇でかこむ
4. 続柄は戸籍筆頭者に対するもの
5. No.欄は記入しない

10. 営業開始의 人事狀

山岡商店 様

拝啓　春暖の候ますますご隆盛の段大慶に存じます。
　さて、このたび合資会社旭商事を設立従来の海野商店の営業、および権利義務のいっさいを継承し、昭和××年4月15日より営業を開始することになりました。
　ついては、倍旧のご支援とご愛顧を賜わりますようお願い申しあげます。
　まずは、ご披露かたがたごあいさつ申しあげます
敬具

昭和×××年4月5日

東京都中央区日本橋2-5
TEL(×××)2471~3

合資会社 旭商事

11. 商品不着に対する問議状

光映商事株式会社
営業部長様

千代田区神田司町2-5
優 影 堂 ㊞

急啓　去る8月3日付でご注文申しあげました映写機、本日までお待ちしておりましたがまだ到着いたしませんし、何らのご通信にも接しません。

　入荷をお待ち願っているお客様もあることですので至急お願いしたいのですが、折り返し事情をお知らせいただきたく存じます。
　まずは取り急ぎお願いまで　　敬白

昭和×××年8月15日

追って8月15日までにご回答いただきたく存じます。

12. 商品品切의 陳謝狀

営発 ３５６ 号
昭和××年４月10日

合資会社 麗美堂様

東京都中央区京橋２－23
光映商事株式会社
営業部 大山 泰

拝復　毎々お引立てをいただきありがとうございます。

　さて、４月５日付でご用命賜わりましたカメラ用三脚、品切れのためお送りできません。月末には相当数入荷する予定でございますが、なんとか早くと存じ、各方面に交渉いたしましたが、手持ちがなく、今のところ入荷までお待ち願うより外に方法がございません。

　ご都合もおありとは存じますが、事情ご賢察のうえ、しばらくお待ちくださいますようお願い申しあげます。

　取り急ぎおわびかたがたお願いまで

敬具

13. 봉투 쓰기

〒 153-□□
切手
東京都目黒区洗足一三一二番地
前田 光明 様
親展

村
富山県滑川市吾妻町三四五
江波隆彦
郵便番号 九三□

14. 엽서 쓰기

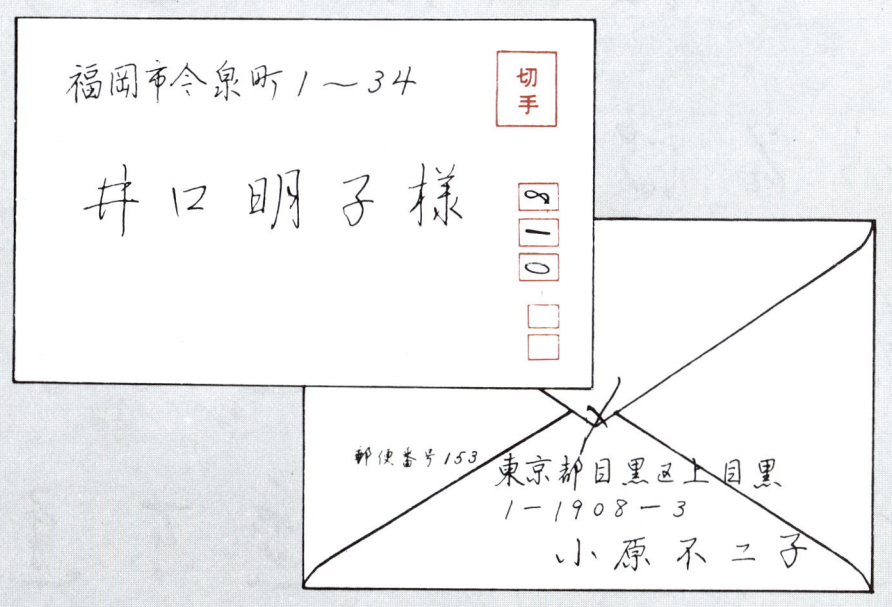

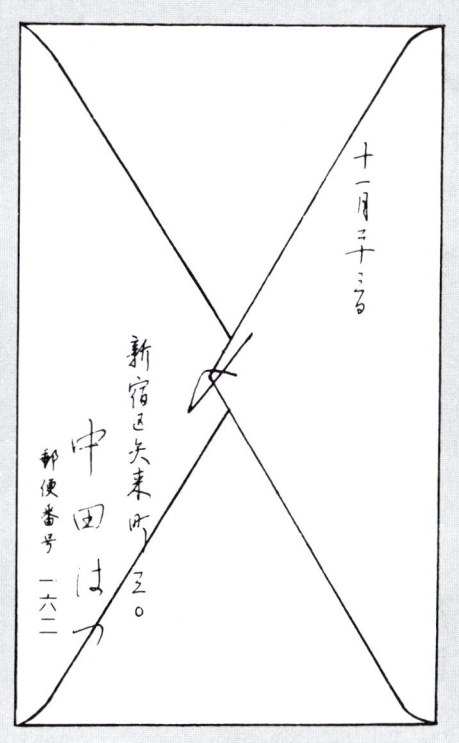

15. 変体がなの 書法

*ひらかなは 한자(漢字)의 초서체(草書體)에서 필기에 적합하도록 간략하게 변화시킨 것.

い	ろ	は	に	ほ	へ	と	ち

以	呂	波	仁	保	部	止	知
移	路	者	尓	本	遍	登	千
意	楼	盤	耳	寶	邊	東	遲

り	ぬ	る	を	わ	か	よ	た

利	奴	留	遠	和	加	与	太
里	怒	流	乎	王	可	代	多
李	努	類	越	倭	閑	余	堂

れ	そ	つ	ね	な	ら	む	う
礼	曽	川	祢	奈	良	武	宇
連	所	徒	年	那	羅	無	有
麗	楚	都	子	難	楽	舞	雲

ゐ	の	お	く	や	ま	け	ふ
為	乃	於	久	也	末	計	不
井	能	於	九	屋	万	介	布
遺	農	憶	具	耶	満	遺	婦

こ	え	て	あ	さ	き	ゆ	め
己	衣	天	安	左	幾	由	女
故	江	亭	阿	佐	支	遊	免
古	延	轉	愛	散	起	游	面

み	し	ゑ	ひ	も	せ	す	ん
美	之	恵	比	毛	世	寸	无
三	志	恵	悲	茂	勢	春	无
見	四	衛	飛	裳	聲	須	无